Pourquoi le ciel est bleu

Écrit par Sally Grindley
Illustré par Susan Varley

Gallimard Jeunesse

Petit Lapin et M. Grison habitaient le même pré.
M. Grison passait son temps à hocher la tête d'un air
entendu et à mâchonner de l'herbe dans un coin du pré.

Petit Lapin pointait le museau partout à la fois. Son terrier avait plusieurs sorties qu'il utilisait les unes après les autres.

M. Grison était très âgé : il savait beaucoup de choses.

– Je sais pourquoi les arbres perdent leurs feuilles à l'automne et comment les araignées tissent leur toile et pourquoi le ciel est bleu, disait-il à qui voulait l'entendre.

Petit Lapin était très jeune : il avait envie d'apprendre.

– Je veux apprendre tout ce qu'il y a à apprendre, dit-il à M. Grison.

– Je t'apprendrai tout ce que je sais, répondit M. Grison, ce qui fait beaucoup de choses.

– Oh là là ! dit Petit Lapin. Oui, s'il te plaît !

Il bondit, courut, se roula dans l'herbe et sautilla d'un bout à l'autre du pré.

– Je t'apprendrai tout ce que je sais, dit M. Grison, ce qui fait beaucoup de choses. Mais à la condition que tu te tiennes tranquille et que tu m'écoutes.

– Je vais rester tranquille, dit Petit Lapin. Je vais rester assis et t'écouter.

M. Grison commença :
– Je vais te dire pourquoi le ciel est bleu.
– Oh là là ! dit Petit Lapin. Je veux tellement savoir
pourquoi le ciel est bleu !
M. Grison avait à peine dit quelques mots que Petit Lapin
voulut savoir pourquoi la terre était marron. Sans attendre
la réponse, Petit Lapin se mit à sauter tout autour du pré
en montrant les fleurs jaunes, les baies rouges
et les papillons blancs.

M. Grison, contrarié, mâchonna quelques brins d'herbe et attendit, attendit…
Quand il revint enfin près de lui, Petit Lapin, tout excité, lui dit :
– J'ai trouvé pourquoi les baies étaient rouges. Tu veux que je te le dise ?
– Je le sais déjà, dit M. Grison. Et maintenant, c'est l'heure de ma sieste.
– Oh, j'ai raté pourquoi le ciel est bleu ! s'exclama Petit Lapin. Je veux tellement savoir pourquoi ! Est-ce que je peux revenir demain pour une autre leçon ?
M. Grison répondit :
– Oui, mais je ne peux rien t'apprendre si tu ne restes pas tranquille.
– Je vais rester tranquille, dit Petit Lapin, je vais rester assis et t'écouter.
– Bon, dans ce cas, demain je t'apprendrai tout ce que je sais, ce qui fait beaucoup de choses.
Petit Lapin était si content qu'il sauta de joie, courut, se roula dans l'herbe et fit des bonds tout le long du pré en retournant chez lui pour goûter.

Le lendemain, M. Grison commença
à expliquer à Petit Lapin pourquoi
le ciel était bleu. Il avait à peine dit
quelques mots que Petit Lapin voulut
connaître l'histoire du Soleil, de la Lune
et des étoiles.

Sans attendre la réponse, Petit Lapin
courut en tous sens en montrant les chouettes et les renards géants
qu'il voyait parmi les nuages.

M. Grison, contrarié, mâchonna de l'herbe et attendit, attendit…

Quand Petit Lapin revint, il s'écria
joyeusement :
– Quelquefois, la Lune reste dans le ciel
quand le Soleil est levé.
– Je sais, répondit M. Grison.
Et maintenant, c'est l'heure de ma sieste.
– Oh, j'ai encore raté pourquoi le ciel est bleu,
dit Petit Lapin. Je voudrais tellement savoir
pourquoi ! Est-ce que je peux revenir demain
pour une autre leçon ?
M. Grison répondit :
– Ce sera la dernière fois, alors.
Et je ne pourrai rien t'apprendre
si tu ne restes pas tranquille.
– Je vais rester tranquille, dit Petit Lapin.
Je vais rester assis et t'écouter.
– Dans ce cas, je t'apprendrai
tout ce que je sais, ce qui fait
beaucoup de choses.
Petit Lapin, tout content…

courut, sauta…

se roula dans l'herbe…

et fit des bonds
tout le long du pré en retournant chez lui pour le goûter.

Le lendemain, M. Grison commença
à expliquer à Petit Lapin pourquoi
le ciel est bleu. Il avait à peine dit
quelques mots que Petit Lapin voulut savoir
pourquoi les oiseaux volaient et pas lui.
Sans attendre la réponse, il s'élança
du haut d'une butte pour sauter en l'air
en battant des pattes, tout en imitant
le cri des oiseaux.
M. Grison mâchonna de l'herbe d'un air
contrarié et attendit, attendit…
Petit Lapin ne revenait pas.

M. Grison se prépara à faire la sieste et il parcourut le pré
du regard. Petit Lapin n'était pas là. M. Grison commença
à se faire du souci.

« Il est jeune, pensa-t-il, il a pu lui arriver quelque chose.
Je ferais mieux d'aller à sa recherche. »

Lentement, il se mit en marche dans le pré. A quelques pas
de là, il tomba sur un parterre de fleurs jaunes. Il chercha
si Petit Lapin n'y était pas caché. Pas de Petit Lapin.

M. Grison regarda les abeilles qui recueillaient le pollen
des fleurs.

« Le pollen leur colle aux pattes, se dit-il. Je ne l'avais jamais
remarqué. »

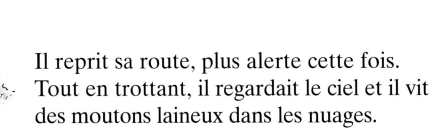

Il reprit sa route, plus alerte cette fois.
Tout en trottant, il regardait le ciel et il vit
des moutons laineux dans les nuages.
– Je ne m'étais pas amusé à cela depuis longtemps, observa-t-il
en souriant.
M. Grison parvint en haut de la butte d'où Petit Lapin s'était
élancé. Il regarda tout autour de lui pour être sûr que personne
ne le voyait et il dévala la pente au galop. Arrivé en bas,
il continua à galoper, grisé par le vent qui plaquait ses oreilles
et ébouriffait ses poils.
– Cela fait drôlement longtemps que je n'ai pas eu cette sensation,
s'avoua-t-il en riant.

Enfin, il retrouva Petit Lapin, tranquillement assis au milieu
d'un bosquet d'ajoncs.
– Chuut ! dit Petit Lapin quand il aperçut M. Grison.
– Je me faisais du souci pour toi, murmura M. Grison.
Qu'est-ce que tu fais ?
– Je compte les pois des coccinelles, dit Petit Lapin.
Savais-tu que certaines en ont plus que d'autres ?

– Non, répondit M. Grison. Je ne le savais pas. Je sais beaucoup
de choses. Mais, ça, je ne le savais pas. Fais-moi voir.

Petit Lapin et M. Grison regardèrent
les coccinelles ensemble.
Confortablement assis, ils comptèrent
les pois jusqu'à ce que Petit Lapin
se mette à bâiller.
– Dis, peux-tu me sortir de là ? Je suis
coincé, demanda Petit Lapin.
M. Grison sourit.
– Accroche-toi bien à mes oreilles,
dit-il en baissant la tête vers Petit Lapin.
Il le souleva et le déposa un peu plus loin.
– Viens, dit M. Grison. Je vais te ramener chez toi.
Aujourd'hui, c'est toi qui m'as appris quelque chose.
Demain, je t'apprendrai pourquoi le ciel est bleu.
– Mais je sais pourquoi le ciel est bleu, dit Petit Lapin.
– Ah bon ? fit M. Grison.
– Il est bleu parce que c'est la seule couleur qui restait
dans la boîte de peinture, ajouta Petit Lapin.

M. Grison sourit. M. Grison éclata de rire. M. Grison,
tout heureux, rua, sauta, se roula dans l'herbe et fit des bonds
d'un bout à l'autre du pré.
– Il y a longtemps que je n'avais pas entendu quelque chose
d'aussi drôle ! s'écria M. Grison. Grimpe sur mon dos, je vais
te porter, mais tiens-toi tranquille.
– Monsieur Grison, demanda Petit Lapin, pourquoi le ciel
est-il bleu ?
M. Grison se mit à parler de la lumière du soleil
et du crépuscule mais Petit Lapin s'était endormi
dès les premiers mots. M. Grison sourit. Il pensa :
« Ce n'est pas grave. On verra ça demain. »